AF331221

EXTRAIT DU BULLETIN DE LA SOCIÉTÉ DE GÉOGRAPHIE
(Janvier 1877).

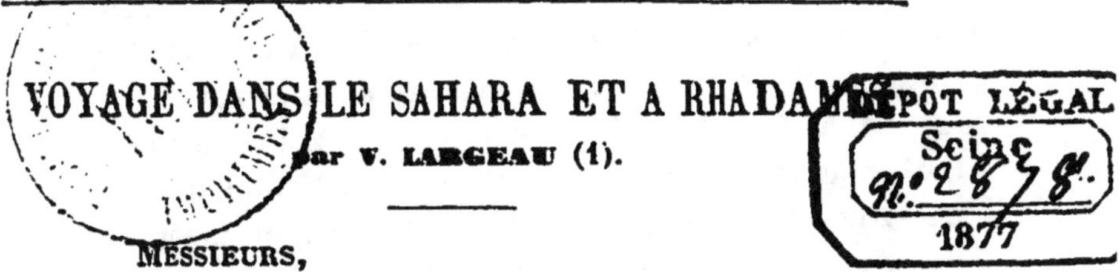

VOYAGE DANS LE SAHARA ET A RHADAMÈS

par **V. LARGEAU** (1).

MESSIEURS,

J'ai l'honneur de soumettre à votre haute appréciation les résultats de mon dernier voyage dans le Sahara et à Rhadamès (2).

J'ai le regret d'être obligé de vous dire tout d'abord que ces résultats n'ont pas été ce qu'ils auraient pu être, si les circonstances et surtout le manque d'argent ne m'eussent obligé de modifier complétement l'itinéraire que je m'étais tracé.

Je devais prendre, pour me rendre à Rhadamès, la route autrefois suivie par M. Dournaux-Dupéré, c'est-à-dire passer par Aïn-el-Quadra, puis tenter l'exploration des plateaux du centre en partant de Rhât. Mais à peine arrivé à Touggourt, j'appris que la présence, sur la route de l'Igharghar, de plusieurs bandes de pillards, rendait momentanément cette route impraticable; le plus sage était donc évidemment de me rendre à El-Oued pour y prendre la route du sud-est.

Avant d'entrer en matière, qu'il me soit permis de rendre hommage à ceux qui, ayant répondu à l'appel que j'avais, avant mon départ, adressé aux homme de bonne volonté, n'ont pas craint de me suivre dans les déserts de l'Erg pour m'aider dans mes observations, et pour contribuer à la solution de la question commerciale du Sud.

M. Louis Say, enseigne de vaisseau, a non-seulement

(1) Communication adressée à la Société dans sa séance du 2 août 1876.

(2) On écrit souvent *Ghadamès*; mais la première lettre de ce nom (*rhaïn*) étant un *r* fortement grassayé avec une forte dilatation du gosier, il me semble plus logique de la rendre par *rh*.

1

fait preuve d'un grand courage et de beaucoup d'ardeur, mais il a encore montré qu'il possède toutes les qualités physiques et morales pour faire un excellent explorateur en Afrique; M. Lemay et M. Faucheux se sont pliés sans peine à toutes les exigences de la situation; ils ont admirablement bien supporté les dures fatigues et les privations inhérentes à de pareils voyages, et leur santé n'a été nullement altérée pendant le cours de la traversée. En somme, ces messieurs ont été pour moi plus que de simples compagnons; ils ont été et demeureront, je l'espère, de vrais amis dont je conserverai toujours le meilleur souvenir.

Arrivés à El-Oued le mardi 7, nous ne pûmes quitter la vallée du Souf que le mardi 14 décembre 1875. Notre propre caravane comprenait onze hommes et douze chameaux; mais quelques chasseurs et négociants s'étant joints à nous pour plus de sécurité, nous en arrivâmes à former un effectif total de vingt et un hommes armés, avec trente chameaux, parmi lesquels quelques *mahara* ou chameaux coureurs, propres seulement au transport de l'eau.

Après avoir reconnu l'impossibilité de passer par Aïn-el-Quadra, je m'étais proposé de conduire ma caravane par Bir-ed-Djedid (1), dont l'eau excellente nous eût rendu plus facile la dure traversée de l'Erg; mais ayant été prévenu, le matin même de notre départ, que des rôdeurs se trouvaient aussi dans ces parages, force me fut de modifier encore mon itinéraire, et, d'accord avec le guide, je décidai que nous passerions par Bir Berr-es-Çof (2), en prenant, pour arri-

---

(1) **On** devrait écrire régulièrement Bir-*el*-Djedid; mais l'*l* de l'article se transformant, dans la prononciation, en la première lettre du mot suivant lorsque cette lettre est une *solaire*, il me semble plus simple d'écrire en français comme l'on prononce en arabe.

(2) **M.** Duveyrier écrit *Berreçof*; ce mot, dit-il, est une corruption de *Bir er Reçof* (puits du rocher), nom qui fut donné à ce puits parce qu'en le creusant on trouva la nappe d'eau reposant sur un rocher horizontal et formant comme une table. C'est de *reçof* (rocher) que dérive le mot français récif. *Bir-Berr-es-Çof* signifie *puits de la terre des partis.*

ver à ce puits, une route un peu au-dessus de celle qui est suivie ordinairement par les caravanes. Je pris surtout cette décision dans le but de tracer une nouvelle ligne de puits dans le triangle en blanc compris entre El-Oued, Bir-er-Rekakib et Bir-Berr-es-Çof, et afin de combler cette lacune de la carte publiée par le Dépôt de la guerre en 1874.

Nous quittâmes donc les derniers palmiers d'Amiech le mardi 14 décembre, à neuf heures du matin. Après avoir fait provision d'eau aux puits d'En-Nakhla, où nous arrivâmes à dix heures, nous continuâmes de franchir les hautes veines de sable gypso-calcaire qui dominent, à l'est, la vallée du Souf, et qui, semblables aux flots menaçants d'une mer courroucée, semblent vouloir briser les faibles digues en branches de palmiers qui leur sont opposées, et anéantir les curieux jardins du Souf, fruits des durs et patients travaux de plusieurs générations d'hommes.

Ces veines, qui se succèdent sans interruption et dont la plupart n'ont pas moins de vingt mètres de hauteur, sont presque absolument vierges de végétation, phénomène que l'on peut du reste observer aux alentours de tous les centres habités du Sahara, mais dont il faudrait bien se garder de conclure que les sables sont improductifs. Cette nudité des sables, dans ces parages, tient à ce que l'Arabe, paresseux et insouciant, consomme sans reproduire. Il se dérange le moins possible pour chercher ce qui est nécessaire à son existence et à celle de ses troupeaux : s'il aperçoit un tronc à portée de sa main, il le coupe pour se chauffer; si une touffe d'herbe pousse à quelque distance de sa tente, il l'arrache pour son chameau, et c'est ainsi que la végétation manque absolument, dans le Sahara, souvent jusqu'à une et même deux journées de marche des centres habités.

Les sables sont naturellement fertiles; ils contiennent une grande quantité d'humus provenant de la couche végétale qui recouvrait autrefois la plus grande partie du désert, et que l'on retrouve encore aujourd'hui dans le Sahara algérien ainsi que dans les oasis du centre.

L'observateur qui s'est trouvé entre Biskra et Touggourt par un vent violent du sud-est, a pu voir l'argile se détacher par croûtes sous les efforts du vent, et aller se fixer, réduite à l'état de poussière impalpable, sur les petites dunes qui bordent la route. Lorsque l'argile a été complétement enlevée, elle laisse ici à nu une carapace gypso-calcaire qui, en se pulvérisant sous les influences atmosphériques, produit les dunes en voie de formation dont je viens de parler.

La même chose a dû se passer dans la région de l'Erg : la croûte végétale a été balayée d'abord ; puis la carapace de grès, mise à nu, s'est désagrégée et a formé les dunes ; mais l'humus qui a servi de base à ces dunes est sans cesse ramené à la surface, et c'est ce qui explique ces veines noires, terreuses, que j'ai toujours remarquées, après la pluie, sur les veines et sur les oughroud (1). Cette quantité d'humus est encore augmentée par les végétaux en décomposition que l'on rencontre plus loin.

En effet, plus l'on s'éloigne des centres habités, plus la végétation se montre luxuriante. Dans les dunes d'ancienne formation qui ont cessé de grossir, aussi bien que dans celles auxquelles des foyers presque éteints ne fournissent qu'une faible alimentation, comme par exemple entre Bir-ed-Djedid, Berr-es-Çof et Rhadamès, on voit des troncs très-anciens se détacher jusque sur le sommet des oughroud ; parfois même de beaux arbrisseaux, couverts de fleurs au printemps, forment de loin en loin de petits bosquets d'un aspect vraiment réjouissant au milieu de ces contrées sauvages. Sur les flancs des oughroud et sur les veines qui sillonnent les plaines ou qui traversent les vallées, l'alfa se montre par touffes vigoureuses et serrées, tandis que les plaines nues ou les vallées peu sablonneuses ne nourrissent que quelques arbustes épineux, maigres et rabougris.

Dans les dunes de formation récente ainsi que dans celles

____

(1) Il existe un autre pluriel, *aghréd*, qui est peu usité, du moins dans les contrées que j'ai visitées.

qui, alimentées par des foyers puissants, grossissent encore avec rapidité, comme par exemple dans la partie de l'Erg (1) comprise entre Bir-el-Achiya, Hassi-Botthin (2) et Rhadamès, la végétation, jeune mais assez clair-semée sur les hauteurs, ne se compose que de sujets dont la croissance est assez rapide pour les préserver de l'ensevelissement par les sables que les vents ne cessent d'apporter lorsqu'ils soufflent du sud-est. Pour échapper à la destruction, il faut que cette végétation puisse se renouveler au fur et à mesure que les dunes grossissent. Du tronc peu à peu enseveli sortent de nouvelles racines, et d'un arbrisseau qui, là où il pousse librement, a souvent jusqu'à trois mètres de hauteur, on n'aperçoit ici que des jeunes pousses se montrant au-dessus de cette marée sans cesse montante. Ainsi des dunes, hautes de plusieurs centaines de mètres, peuvent être traversées, de la base au sommet, par les faibles arbrisseaux autour desquels se sont arrêtés, il y a des siècles, les premiers grains de sable qui ont été comme les fondements de la masse arénacée que l'œil étonné du voyageur contemple aujourd'hui. Quoique nombre de jeunes tiges périssent pendant des périodes de sécheresse, par exemple, faute d'une croissance assez rapide pour échapper à un ensevelissement complet, il est hors de doute que la végétation serait beaucoup

(1) Dans les mots *Erg*, *aïn*, *áchiya*, etc., les lettres *e*, *a*, etc., se prononcent avec une forte dilatation du gosier; on rend quelquefois cette prononciation en faisant précéder ces lettres du signe ('). Afin de ne pas embarrasser le lecteur, je préfère rendre cette prononciation par *á*, *é*, etc., lorsqu'il s'agit de lettres minuscules.

(2) Les deux mots *hassi* et *bir* signifient puits, mais avec la différence suivante : *hassi*, de la racine *hassa* (boire en humant), signifie *un puits creusé dans un endroit sablonneux*, ou bien: *endroit sablonneux où l'on trouve de l'eau en creusant avec les mains*; *bir*, de la racine *bara*, *creuser un puits*, désigne plus particulièrement *un puits creusé dans un sol dur, avec un instrument.*

Botthin est le participe pluriel du verbe-racine *bath* : *il a dormi couché sur le côté*, et, par extension, *il a campé*. *Hassi-Botthin* signifie donc *puits des campements.*

plus serrée dans ces régions si la plupart des jeunes pousses qui se montrent, après les périodes pluvieuses, n'étaient aussitôt dévorées par les herbivores, gazelles et autres, qui pullulent dans ces parages.

Cependant on trouve, dans les ravins qui serpentent entre les dunes en voie de formation, de beaux pieds d'alfa ainsi que des arbrisseaux très-anciens. Cette différence provient de ce que le sable transporté ne s'arrête que sur les sommets ; mais l'alfa et les beaux arbrisseaux ne croissent que dans les parties très-sablonneuses de ces dépressions ; quant aux arbustes qui poussent sur le calcaire mis à nu, ils sont toujours rabougris.

J'ai dit qu'après avoir quitté les puits d'En-Nakhla, nous continuâmes de franchir les hautes veines qui dominent de ce côté la vallée du Souf. Au fur et à mesure que nous avancions, outre que les veines diminuaient de hauteur, elles devenaient de plus en plus espacées ; la végétation faisait peu à peu son apparition, et, lorsque nous nous arrêtâmes le soir au lieu appelé *Haoued Ahmed-ben-Othman*, nous pûmes remarquer déjà, par-ci par-là, quelques touffes d'alfa, ainsi que les silhouettes de quelques arbrisseaux se détachant de loin en loin sur les veines dont la plaine est sillonée.

On appelle *haouedh*, au singulier *houdh* (1), des dépressions en forme de cuvette, le plus souvent rondes, quelquefois allongées, de grandeur très-variable, que l'on rencontre dans cette partie du désert, entre les veines ou au milieu des plaines sablonneuses. Le fond de ces *haouedh*, qui est à 5 m. en moyenne au-dessous du niveau général du sol, est souvent couvert de cailloux schisteux qui paraissent être du gypse aggloméré avec une faible quantié de sable très-fin, d'un jaune clair tirant sur le fauve ; d'autres fois, ce sont des bas-fonds humides, enduits d'une couche d'argile sur la-

(1) Du verbe-racine *hadha*, *ramasser l'eau*.

quelle croît, à l'ombre de beaux arbrisseaux, une végétation herbacée très-serrée. Les bords de ces haouedh, ainsi que les rares parties de la plaine qui se montrent à nu entre les veines, sont formés de roches blanches gypseuses dont la surface est effritée par les influences atmosphériques.

Le 15 décembre nous traversâmes, de 8 à 11 heures du matin, une grande plaine sablonneuse et ondulée appelée *Çahan Bir-el-Gaïda;* à 10 heures nous laissâmes, à 2 000 mètres sur notre gauche, le puits qui donne son nom à cette plaine, qui est toute parsemée de haouedh, et traversée, de loin en loin seulement, par des veines de sable peu élevées; sur ces veines, la végétation est déjà de belle venue, serrée relativement, mais peu variée encore. On y remarque l'alfa, qui y croît par grosses touffes; de beaux arbrisseaux, tels que l'azel, l'alenda et l'artaya, et, dans toutes les parties basses de la plaine, quelques plantes ligneuses ou herbacées dont quelques-unes sont déjà en fleur.

A 11 heures et demie nous nous arrêtâmes pour prendre de l'eau à un puits appelé *Bir-el-Acemin,* creusé dans le fond d'un houdh peu étendu, comme du reste tous les puits de cette région. L'eau de ce puits, très-abondante, est à une profondeur de 31 coudées; sa température est de 23° centigrades; elle a un goût sulfureux très-prononcé provenant de la décomposition des végétaux que le vent y a entraînés.

L'ouverture carrée du puits, soutenue par quelques troncs arrachés aux alentours, a 30 centimètres de côté; tout près est une petite auge longue, bien confectionnée, pour abreuver les troupeaux. Le puits traverse une couche de craie blanche dans laquelle se trouvent en quantité des coquillages fossiles de deux espèces se rapprochant beaucoup des *Bythinia Dupoteliana* (1), mais dont la détermination n'a pas encore été faite.

Il est à remarquer qu'à cette époque de l'année les eaux

(1) Coquilles vivant dans les eaux douces (H. D.).

de tous les puits du Sahara, naturellement peu agréables à boire, sont beaucoup plus mauvaises qu'à toute autre époque. Cela provient de ce que les nomades qui errent habituellement dans ces contrées rentrent dans les oasis pour la récolte des dattes et ne retournent dans ces parages que dans le courant du mois de décembre ; pendant leur absence, les débris végétaux de toutes sortes, chassés par les vents, s'accumulent et pourrissent au fond des puits, et les eaux, qui ne sont plus renouvelées par un puisage continu, prennent alors ce goût détestable que nous avons trouvé à celles de Bir-el-Acemin.

Après Bir-el-Acemin, nous continuâmes de marcher à travers la même plaine sablonneuse, accidentée et parsemée de haouedh. Vers 2 heures, nous rencontrâmes une série de petites dunes, hautes d'une quinzaine de mètres, appelées *Zemelet-et-Tiour*, ou *dunes des oiseaux*, au pied desquelles nous campâmes à 4 heures du soir.

Le lendemain 16 décembre, l'aspect de la plaine et des dunes se modifia sensiblement. Nous entrâmes dès le matin dans une vallée large de 2000 mètres environ, très-sablonneuse, souvent barrée par des veines et parsemée des mêmes bas-fonds que j'avais déjà remarqués dans les plaines précédentes ; les bords de cette vallée sont recouverts, surtout à gauche, par des chaînes de dunes allongées, hautes de 25 mètres à peine, dont les sommets sont espacés de 1 000 à 1 500 mètres.

A 9 heures 30 nous rencontrâmes le puits nommé *Bir-Bou-Rhazela*, où nous fîmes encore de l'eau ; ce puits, comme le précédent, est creusé dans un houdb, entre des dunes ; il traverse la même couche de craie ; son ouverture carrée est de 40 centimètres ; il a reçu un coffrage en troncs d'alenda qui contribue, pour sa part, à donner à l'eau, profonde de 29 coudées et dont la température est de 23°, le goût détestable que nous lui trouvons.

Après ce puits, la vallée disparaît sous les dunes qui

l'encombrent; mais entre ces dunes nous rencontrons toujours les mêmes dépressions humides complétement dégagées de sable. A 3 heures, nous passâmes près du puits *Ali-ben-Douba*, comblé par les sables, et à 4 heures nous nous arrêtions près d'un autre puits également disparu, appelé *Bir-ben-es-Sahim*.

Le lendemain 17, après 3 heures de marche à travers la même plaine que la veille, nous établîmes notre bivouac, à 11 heures 45, près du puits *Bir-Mouy-Hamed*, où nos chameliers avaient manifesté l'intention de faire reposer leurs chameaux.

Bir-Mouy-Hamed est aussi creusé au fond d'un houdh qui peut avoir 200 mètres de diamètre; il n'a point reçu de coffrage; son ouverture carrée, soutenue par quelques troncs d'alenda, a 50 centimètres de côté. L'eau est à 13 mètres 60 de profondeur; sa température est de 22°,8; naturellement salée, cette eau est encore rendue plus détestable par les végétaux qui y pourrissent. A côté du puits sont deux auges ovales pour abreuver les troupeaux.

Le samedi 18 décembre, nous partîmes à 9 heures pour marcher à travers une plaine moins sablonneuse et moins accidentée que celle de la veille, où la végétation est par conséquent moins belle; les dépressions appelées haouedh sont ici très-rapprochées les unes des autres.

Après déjeuner, c'est-à-dire à partir de 11 heures 20, nous traversâmes un houdh très-étendu au fond duquel je remarquai, pour la première fois, abondant mais rabougri, le *Hennat-âlga*, ou henné-sangsue, l'une des trois variétés de l'*Henophyton* qui croissent dans l'Erg.

A partir de là l'Erg se transforme rapidement : les haouedh deviennent de grandes plaines ovales, graveleuses, ayant 1 500 à 2 000 mètres dans le sens de leur longueur qui est perpendiculaire à notre direction, et 1 000 mètres environ de largeur; ils prennent alors le nom de *Çahan* (plaines creuses). Les amoncellements qui les entourent ne sont plus des veines, mais des dunes allongées (*zemoul*, au singulier *ze-mela*) dont les sommets peuvent avoir 35 mètres au-dessus du niveau des plaines.

Ainsi, à 12 heures et demie, nous traversâmes une série desdites dunes appelées *Zemelet Bou-Loussa*, pour tomber dans la grande dépression appelée *Çahan Bou-Loussa*, toute couverte de petits cailloux lamelleux de couleur fauve, sur lesquels sont épars des rognons de calcaire noir bitumineux, débris de la croûte qui recouvrait sans doute autrefois une partie du sol que nous foulons et qui, à cause de leur nature, ont résisté à la désagrégation générale.

A 1 heure 45, on me montra, à 4000 mètres environ sur la droite, une dune élevée au pied de laquelle est creusé le puits appelé *Bir-el-Firan*, dont l'eau est très-bonne, au dire des nomades; puis, ayant traversé plusieurs plaines semblables à celle que je viens de décrire, nous campâmes, à 4 heures du soir, au lieu appelé *En-Dakhla*, nom qui signifie *entrée (de la vallée)*. Nous étions en effet à l'entrée d'une belle vallée, large de 1 500 mètres environ, aux bords s'élevant en pentes douces, et couverts de dunes longues dont les sommets ont à peine 30 mètres de hauteur. De beaux arbrisseaux, parmi lesquels on distingue l'*azel* et le *merkh*, se détachent vigoureusement sur le fond clair des dunes.

Le fond de la vallée, très-sablonneux mais aussi très-humide, disparaît sous le *had*, petit arbuste épineux d'un vert sombre que les chameaux dévorent avec avidité. Outre ses gras pâturages, cette vallée, par sa position à égales distances de 2 500 mètres de deux puits abondants, *Bir-Amar* à gauche et *Bir-Djebali* à droite, est le rendez-vous préféré des pasteurs rebâia, dont une nezla s'y trouvait déjà établie depuis plusieurs jours lorsque nous y arrivâmes.

Le dimanche 19, dès 8 heures du matin, nous cheminâmes donc dans la vallée qui s'étendait devant nous à partir d'En-Dakhla. Les dunes allaient s'élevant au fur et à mesure que nous avancions. A 11 heures, nous franchîmes les hauteurs de droite et nous nous trouvâmes dans une autre vallée parallèle à la première et large, comme elle, de 1 500 mètres environ. Les hauteurs que nous franchîmes, épaisses de 200 mètres, étaient formées d'agglomérations de veines s'étageant jusqu'à des pics élevés de 30 à 40 mètres au-dessus du fond de la vallée, et espacés les uns des autres de 2 000 mètres en moyenne. A midi nous passâmes près d'une masse qui, sans être sensiblement plus élevée que les autres, méritait déjà, à cause de ses proportions plus considérables, de prendre le nom de *Ghourd-Aala*.

A 1 heure, nous passâmes à 500 mètres d'un puits comblé par les sables, appelé *Bir-et-Touham*, situé à gauche, dans la vallée que nous avions quittée à 11 heures, puis nous nous arrêtâmes, à 3 heures 35, entre des dunes déjà élevées de 50 mètres, à la sortie d'une agglomération de veines qui, en cet endroit, encombrent la vallée.

Ces vallées parallèles, bordées de chaînes de dunes, me rappellent les vallées que je traversai, l'année précédente, du côté de Hassi-Botthin. Ce ne sont pas, ici comme là-bas, des pics triangulaires, hauts de 300 mètres, qui bordent ces vallées ; mais, ainsi que je l'ai déjà dit, des masses allongées dont les points les plus élevés ne dépassent pas encore 50 mètres. Les bords des vallées, qui se montrent quelquefois à nu entre ces masses, n'ont pas plus de 15 mètres au-dessus du thalweg, ce qui donne aux dunes qui les recouvrent une altitude vraie de 35 mètres.

Toutes ces dunes nourrissent de beaux arbrisseaux de 3 mètres, très-distants il est vrai les uns des autres, mais formant parfois de petits bosquets sur lesquels le voyageur aime à reposer sa vue fatiguée par la couleur uniformément blanche des sables qui recouvrent cette partie des solitudes sahariennes.

Je suis maintenant convaincu que la forme des dunes indique généralement l'ancien relief du sol qu'elles recouvrent.

Sans tenir compte ici des influences locales, ce qui nous conduirait trop loin, je dirai que les plaines autrefois unies sont aujourd'hui purement sablonneuses ou parsemées de petites dunes qui doivent leur existence à des accidents de terrain ou encore aux plantes autour desquelles les sables se sont accumulés. Les veines recouvrent des plaines autrefois unies, qui ont été ravinées par les vents dans la première période de désagrégation des roches. Pour ces deux cas, on peut citer comme exemple les plaines qui s'étendent depuis El-Oued jusqu'au lieu appelé En-Dakhla, et ce travail de formation peut être étudié dans l'Oued-Rirh où il s'accomplit actuellement. Les hautes vagues qui entourent la vallée du Souf doivent leurs proportions extraordinaires aux incessants travaux que font les indigènes pour préserver leur vallée de l'envahissement.

Les longues chaînes de dunes que j'ai observées entre En-Dakhla et Berr-es-Çof d'un côté, et d'autre part dans les environs de Hassi-Botthin, recouvrent les bords peu élevés de vallées parallèles : ici des hauteurs continues sont recouvertes par des dunes allongées, là-bas des chaînes de collines plus ou moins abruptes servent de base à des pics triangulaires.

Enfin, les masses entassées pêle-même recouvrent des pays très-tourmentés, comme c'est le cas dans la partie de l'Erg comprise entre Berr-es-Çof, Rir-ed-Djedid, Hassi-Botthin et Rhadamès.

En règle générale, les dunes ont commencé à se former sur place, c'est-à-dire avec des sables produits dans les contrées mêmes où elles s'élèvent. Dès que la carapace rocheuse a été mise à nu, elle a commencé à se désagréger. Cependant, je dois excepter de cette règle les dunes de Bethbouï, ainsi que celles d'El-Achiya, dans le bassin de l'Igharghar, qui recouvrent des plaines de grès dont la désagrégation n'est pas encore commencée.

Si elles n'avaient eu que l'aliment fourni par les roches

sur lesquelles elles s'élèvent, les dunes n'auraient jamais atteint les proportions colossales que je leur ai trouvées dans le Zemoul-Akbar; l'Erg ne serait qu'une contrée sablonneuse assez accidentée, telle qu'elle était sans doute à l'époque où les Romains firent leur expédition de Phazanie.

Pline dit que du pays des Phazaniens dont Cydamus était une ville, on apercevait au loin, à l'ouest, une montagne si noire qu'on aurait dit qu'elle avait subi l'action du feu, et que cette montagne fut appelée *Ater*. Ce serait en vain que l'on chercherait aujourd'hui quelque chose qui pût rappeler le mont Ater à travers les pics de sable qui s'élèvent de ce côté.

D'autre part, Hérodote rapporte qu'à partir du fleuve Triton, qui devait être le même que l'oued-Souf, aujourd'hui disparu sous les sables, on trouvait, en s'avançant vers l'ouest, un pays très-montagneux, couvert de bois et plein de bêtes sauvages. Or que trouve-t-on aujourd'hui à l'ouest du Souf? Un sol en désagrégation et des dunes en voie de formation.

Le même géographe, parlant du voyage de cinq jeunes gens des bords de la Grande Syrte, dit qu'en marchant vers l'ouest, ils traversèrent une grande étendue de terres *sablonneuses*, et qu'après avoir marché bien des jours, ils aperçurent des arbres répandus dans une plaine. Là, ils furent conduits à travers une grande étendue de marais jusqu'à une ville dont les habitants étaient noirs, et près de laquelle il y avait une grande rivière qui coulait de l'est à l'ouest. Les contrées sablonneuses que parcoururent les cinq jeunes gens ne sont autres que la partie de l'Erg aujourd'hui couverte de hautes dunes qui s'étend au nord-ouest de Rhadamès; les contrées marécageuses peuvent être placées au sud du lac Tritonide où l'oued Souf et l'oued Rirh, qui coulaient encore dans ces temps reculés, couvraient le pays de leurs bras multiples, et la rivière qui coulait de l'ouest à l'est ne peut être que l'oued Djedi, qui passe au sud de Biskra. L'aspect de ces contrées a bien changé depuis lors.

Enfin, témoignage plus récent : les vieux chasseurs châamba disent que leurs grands-pères allaient d'Ouargla à Rhadamès en huit jours, en marchant du lever au coucher du soleil, à travers une plaine sablonneuse couverte de végétation ; or c'est sur cette route abandonnée que se trouvent aujourd'hui les plus hautes dunes de l'Erg.

En voyant ces masses, déjà hautes de 500 mètres, grossir encore avec rapidité, on se demande forcément d'où viennent les sables qui les alimentent ; car, dans le pays même, les parties de la carapace qui sont encore intactes étant couvertes par les dunes, il n'est pas possible qu'elles puissent encore alimenter celles-ci. Mais lorsque le vent du sud-est souffle avec force dans ces parages, le doute n'est plus permis : on le voit charrier d'énormes quantités de sables qui viennent de cette direction ; c'est donc vers le sud-est qu'il faut aller chercher le grand foyer qui alimente ces dunes au point d'en faire de véritables montagnes, et ce foyer, nous le trouverons en effet à l'est et au sud-est de Rhadamès ; nous le verrons éteint ou à peu près dans la partie qui regarde les dunes qui ne grossissent plus qu'insensiblement de la région de Berr-es-Çof, et encore dans toute son activité dans la partie qui regarde le Zemoul-Akbar, où les oughroud continuent de grossir avec rapidité.

Une remarque que l'on peut faire sur les bords de la mer, où les sables proviennent des roches broyées sur les côtes par les lames, peut être faite également dans l'Erg où les sables proviennent des roches désagrégées par les influences atmosphériques et pulvérisées ensuite par les vents ; c'est que les masses arénacées sont toujours moins élevées près du foyer d'alimentation qu'à une certaine distance de ce foyer.

Il est bien entendu que toutes ces observations se rapportent exclusivement aux parties sablonneuses du Sahara que j'ai observées. Il existe, sur d'autres points du grand désert, nombre de parties sablonneuses qu'il ne m'a pas encore été donné d'étudier, et qui peuvent avoir leurs foyers d'alimentation au sud, à l'ouest, ou même au nord : cela dépend de la force et de la constance des vents qui règnent dans ces parages.

Je ne parlerai ici que pour mémoire des différents systèmes qui ont été émis sur la formation des dunes.

D'aucuns prétendent que les grandes dunes sont des montagnes de grès qui se sont pulvérisées sur place; d'autres croient que la croûte terrestre, brisée par un soulèvement, a mis à nu des sables qui se sont ensuite répandus sur ces contrées.

Je détruirai le premier système par une simple comparaison : supposons que le mont Salève, complétement dénudé, soit formé de roches de même nature que celles du Sahara, et que ces roches se désagrégent sous les influences atmosphériques; croit-on que le sable produit de ces roches demeurera sur place, et qu'aussitôt formé il ne sera pas chassé par les vents jusqu'à ce qu'il rencontre un obstacle, comme le Jura, par exemple, sur lequel il s'accumulera pour former des dunes? ou bien, en admettant même que ce sable demeure sur place, croit-on que les roches continueront de se désagréger jusqu'à la base de la montagne, mais que le sable de la surface ne protégera pas les roches inférieures de la désagrégation?

Quant à l'autre système, il n'est pas besoin d'aller dans l'Erg pour le réduire à néant : il suffit de jeter en passant un simple coup d'œil sur ce qui se passe actuellement dans l'oued Rirh, où l'on voit la carapace rocheuse se désagréger et les dunes se former à quelques pas, autour des plus minces obstacles.

Étant admis qu'il y a eu autrefois un soulèvement de la croûte saharienne (le même phénomène s'est produit pour

des continents aujourd'hui fertiles et peuplés), ce soulèvement n'a été nulle part assez prononcé (du moins dans les
contrées que j'ai explorées) pour amener à la surface des
couches arénacées inférieures.

Dans toutes les parties de l'Erg, et notamment dans des
endroits où les dunes dépassent 100 mètres d'altitude, les
vents ont creusé, entre les oughroud, des ravins étroits et
profonds sur les parois desquels on voit parfaitement la carapace de grès encore intacte, disposée verticalement ou
faiblement inclinée; cette carapace, qui n'est jamais bien
épaisse (1 mètre en moyenne) recouvre toujours une couche soit de craie blanche, soit de calcaire gypseux, ou encore quelques petits dépôts de dolomie alternant avec les
couches précédentes. Sous la craie, j'ai pu observer quelquefois l'argile verte ou marne verte très-argileuse dans
laquelle je n'ai découvert aucune trace de fossiles, ou bien
encore une marne gypseuse, jaune comme du soufre, notamment sur les bords de la Sebkhat-el-Melah et des autres
sebkhas qui s'étendent à l'ouest et au nord-ouest de Rhadamès. Du reste, la constitution géologique de cette partie
du grand désert n'est pas la même, du moins quant à la
surface, que celle du Sahara algérien, où la sonde a ren-
contré plusieurs couches arénacées à différentes profon-
deurs.

Mais nous n'en sommes pas encore arrivés au point où le
grès se montre à la surface : ce sont des roches gypseuses,
commes celles de l'oued Rirh et du Souf, qui forment encore, jusqu'à Berr-es-Çof, la carapace sédimentaire sur laquelle nous marchons.

Le lundi 20 décembre, nous continuâmes notre route,
jusqu'à 8 heures 45, dans la direction sud-est (222° en
moyenne), que nous avions suivie jusqu'alors. Nous nous
dirigeâmes ensuite droit au sud, et, après avoir traversé suc-
cessivement, presque perpendiculairement à leur direction,
trois vallées parallèles, larges de 1000 mètres et séparées

par des chaînes de dunes de 500 mètres d'épaisseur, nous nous trouvâmes, à 11 heures, près du puits appelé *Bir-Berr-es-Çof*, ou *Berreçof*, où nous devions passer deux jours pour nous reposer et préparer nos chameaux à la traversée de l'espace sans eau qui s'étend entre ce puits et Rhadamès.

Bir-Berr-es-Çof, dans lequel nous ne trouvâmes, à 23 mètres 49, qu'une faible quantité d'eau corrompue, traverse, comme les puits précédents, une couche de craie blanche compacte, dont il me fut impossible de mesurer l'épaisseur; son ouverture ronde a 60 centimètres de diamètre, et il a reçu un coffrage en troncs d'azel; son eau avait une température de 22°,8 à 1 heure, les thermomètres donnant alors : au soleil voilé par un cirrhus 30°, à l'ombre 18°,5, le thermomètre fronde 17°, et la hauteur barométrique étant de 760, par un vent du sud-est assez fort, mais très-frais.

Le puits est creusé sur le côté nord d'une vallée de même nature que celles que nous avions traversées le matin, mais beaucoup plus accidentée et encombrée; les dunes qui la bordent, toujours de forme allongée, dépassent 60 mètres d'altitude (l'une d'elles mesure exactement 63 mètres). Dans certaines parties de la vallée dégagées de sable, le grès saharien type, ou grès pâle à gros grains, se montre par cailloux épars, en état de désagrégation.

M. Say voulut profiter de notre séjour à Berr-es-Çof pour y observer sérieusement la déclinaison de la boussole : dix observations successives lui donnèrent une moyenne de 5° nord-ouest.

Les vents qui dominent dans le Sahara sont : celui du nord-est, toujours frais, qui souffle quelquefois avec assez de violence; vient ensuite le vent du sud-est, qui est toujours frais lorsqu'il traverse en chemin (sur la mer Rouge, assure M. Say) des courants qui viennent du nord; les Arabes lui donnent alors, en effet, le nom de *bahari*, c'est-à-dire *vent marin;* mais ils l'appellent *simoum* (1) (et non pas *simoun*, comme nous l'écrivons à tort) lorsque, soufflant avec violence, il charrie des nuages de sable qu'il ramasse dans les plaines de grès en désagrégation qui se trouvent sur son parcours; il est alors si brûlant et le brouillard de sable est parfois si épais, que les malheureux voyageurs qui se trouvent surpris par une semblable tourmente endurent un véritable supplice; le sable qui entre dans les yeux et qui, par les organes de la respiration, pénètre jusque dans les poumons, les aveugle et leur cause une soif ardente. Quiconque, se trouvant à bout de forces, se coucherait par un simoum violent, périrait certainement asphyxié; mais il n'est pas possible, comme l'ont rapporté certains fantaisistes, que des montagnes de sable soient soulevées par la force du simoum.

Il est rare qu'après le simoum le vent ne passe pas au sud-ouest, d'où viennent les rares ondées qui humectent les dunes de l'Erg.

En quatrième rang, il faut ranger les vents du nord-ouest qui amènent aussi quelques gouttes de pluie; puis viennent les vents d'est (*chergui*), et enfin les vents du sud, qui sont aussi de deux sortes : le vent frais (*el guebli* ou *le méridional*), et le vent chaud, brûlant, auquel on a donné le nom de *chihiri*, du verbe-racine *chahara* (2), *ouvrir la bouche, être haletant*. Le chihiri apporte aussi du sable dans les déserts de l'Erg, mais en petite quantité.

A partir de Berr-es-Çof, que nous quittâmes le 23 décembre à midi, après avoir pris de l'eau pour quinze jours, nous suivîmes exactement, jusqu'à Rhadamès, l'itinéraire suivi autrefois par M. Henri Duveyrier.

Dans cette première journée, les vallées régulières sont remplacées par des espaces libres, graveleux et parfaite-

---

(1) Le mot *simoum*, qui signifie *vent chaud et pestilentiel*, vient du verbe-racine *samma, empoisonner quelqu'un.*

(2) M. Duveyrier dit *chihili*, le *nuisant*, de la racine *chahala, nuire.*

mènt plans, de 1000 à 1500 mètres de diamètre, qui laissent entre eux des oughroud de forme allongée dont la hauteur est déjà de 100 mètres. La flore, qui est la même jusqu'à Rhadamès, est représentée sur les dunes par l'*azel*, le *merkh*, l'*alenda* et l'*alfa*; sur le gravier ou dans les endroits où le sable est peu épais, croissent le *henna*, le *baégnel*, le *helma*, et le *had*, dans les endroits humides. Les roches en désagrégation, ainsi que le gravier qui couvre les espaces libres, sont de grès saharien type; quelques morceaux de grès vert, ainsi que des rognons de calcaire noir bitumineux sont partout épars dans les bas-fonds et quelquefois jusque sur les dunes où ils ont pu être transportés par les vents.

Au fur et à mesure que nous avançons dans la région de l'Erg, les dunes se transforment et augmentent de hauteur. Bientôt ce ne sont plus des masses rondes, mais des pics qui atteignent 120 mètres. Le sable d'un jaune pâle, produit du calcaire gypseux et du calcaire fauve, est remplacé par un sable roux, produit du grès pâle et du grès ferrugineux dont est formé le foyer d'alimentation. Les vallées deviennent des ravins étroits, irréguliers, souvent encombrés par des veines et des siouf qui relient entre eux les oughroud.

Le 1er janvier, nous prîmes, au milieu des grandes dunes, la hauteur du ghourd *El-Khadem* (1), situé au nord-ouest et à quatre journées de marche de Rhadamès; nous pûmes constater que ce ghourd, qui n'était pas le plus élevé, avait 139 mètres d'altitude.

Le lundi 3 janvier, comme nous approchions du gros ghourd *Douriyet-el-Mámmar*, où s'arrêta autrefois M. Henri Duveyrier, j'aperçus, à droite, une masse blanche qui se détachait sur la couleur fauve des sables. M'étant approché, je me trouvai en présence de deux énormes blocs de craie

(1) C'est-à-dire *de la Négresse*, ainsi nommé à cause de la tombe d'une pauvre esclave qui mourut là d'épuisement.

blanche, savonneuse, qu'on aurait dit soulevés par une force souterraine. Ces blocs contenaient en grande quantité des coquilles fossiles d'eau douce qui, du nom de M. Duveyrier, qui les a trouvées le premier, ont été appelées *Planorbis Duveyrieri.*

La vue de ces blocs soulevés vient me confirmer dans cette opinion que le calcaire sur lequel était assise la carapace de grès a joué un certain rôle dans le travail de désagrégation des roches. En effet, la couche végétale ayant été balayée et le grès mis à nu, le calcaire a été chauffé par la carapace peu épaisse qui se trouvait ainsi directement exposée aux rayons du soleil; puis, les pluies survenant, l'eau, en s'infiltrant à travers les crevasses, a mouillé le calcaire qui s'est soulevé en disloquant et en soulevant les roches qui le recouvraient; or ces roches ainsi soulevées ont offert beaucoup plus de prise aux influences atmosphériques qui auparavant n'avaient d'action que sur la surface. J'ai été à même de faire la même observation dans plusieurs endroits.

Dès le mardi 4 janvier, c'est-à-dire la veille de notre arrivée à Rhadamès, nous pûmes remarquer que les oughroud non-seulement diminuaient de hauteur, mais encore devenaient de plus en plus espacés; la végétation aussi devenait rare et chétive et disparaissait même presque complétement le dernier jour de marche. C'est que les esclaves de Rhadamès, après avoir déboisé le hamada, sont maintenant obligés d'aller jusque dans les grandes dunes chercher le bois pour la cuisson des aliments, ainsi que l'alfa pour la nourriture des quelques animaux que l'on est obligé d'entretenir dans l'oasis.

L'oasis de Rhadamès est située à 10 kilom. environ des grandes dunes. Au nord, à l'est et au sud-est de l'oasis s'étend une plaine immense, usée par les vents à plus de dix mètres de profondeur. L'ancien niveau de cette plaine est indiqué par des *gour* (au singulier *gara*), qui s'élèvent à l'horizon comme de sombres murailles. Ces gour sont généralement formés de roches gypseuses recouvertes d'une carapace de grès vert ou de grès ferrugineux qui, plus tenaces que les grès ordinaires, ont résisté à la désagrégation; mais cela indique en même temps que ce n'est pas seulement la couche de grès qui manque à cette plaine, mais encore presque toute la couche de calcaire que recouvre celle-ci; et en effet j'ai vu à nu, dans maints endroits, les marnes jaunes ou vertes qui ne viennent qu'en troisième ligne.

Cependant les *gour*, pas plus que les autres parties de la plaine, ne résistent aux éléments destructeurs qui ont transformé ces contrées : quoique beaucoup plus lentement, ils s'usent et disparaissent à leur tour; mais au lieu de se produire par le sommet, l'usure se produit par les côtés; les agents atmosphériques pulvérisent le calcaire, et les vents, en chassant le sable ainsi formé, creusent les flancs des gour; les pierres plates du sommet s'inclinent alors et glissent du haut des-masses jusqu'à leur base. Il n'est pas rare de trouver, dans cette partie du hamada, de larges pierres plates, rendant sous le choc un son métallique, placées les unes à côté des autres, comme si elles avaient été rangées méthodiquement, et couvrant ainsi des étendues de plusieurs centaines de mètres : ce sont les débris d'anciens gour dont la base a été minée et enlevée par les vents. C'est dans ce hamada usé qu'il faut chercher la source des grandes dunes de l'Erg.

Immédiatement au sud de l'oasis s'étend une partie de hamada qui, à cause de la nature des roches qui le recouvrent, a résisté beaucoup plus longtemps aux influences atmosphériques; mais là aussi le travail de désagrégation est commencé, et avant peut-être qu'un siècle se soit écoulé, on cherchera en vain, sur ce plateau usé, le vaste cimetière garamantique, ainsi que les mausolées déjà bien maltraités qui dominent la ville et l'oasis.

Par suite de l'usure des plateaux environnants qui la dominaient sans doute autrefois comme la domine encore celui du sud, la source qui arrose l'oasis de Rhadamès diminue sensiblement d'activité; chaque année on est obligé de resserrer les limites de l'oasis, et peut-être qu'un jour viendra où le voyageur cherchera en vain, dans ces contrées désolées, l'endroit où s'éleva Rhadamès, la Cydamus des Romains.

Mais non, il n'en peut être ainsi! Dans les couches marneuses qui viennent en troisième ligne existe une nappe abondante que les puisatiers rencontrent à 4 ou 5 mètres de profondeur dans toutes les parties de la plaine usée; or, avec les moyens d'action que possède aujourd'hui la civilisation, rien n'est plus facile que d'amener à la surface du sol cette nappe liquide, et de transformer en contrées fertiles les immenses plaines désertes qui s'étendent aux alentours de Rhadamès. Mais pour que cette transformation s'accomplisse, il faut dans ces contrées désolées une influence autrement intelligente et puissante que celle des Turcs. Cela s'accomplira quand le moment en sera venu.

De leur côté, les grandes dunes, lorsque leurs foyers d'alimentation seront enrayés ou éteints, se couvriront avec le temps d'une luxuriante végétation. Cette transformation pourrait même s'accomplir de nos jours, et il nous serait facile de préparer aux générations futures une immense source de richesses, en nous occupant du boisement des grandes dunes de l'Erg.

Juin 1876.

PARIS. — IMPRIMERIE DE E. MARTINET, RUE MIGNON, 2.